L'ŒUVRE

DE

JEAN-PIERRE NORBLIN

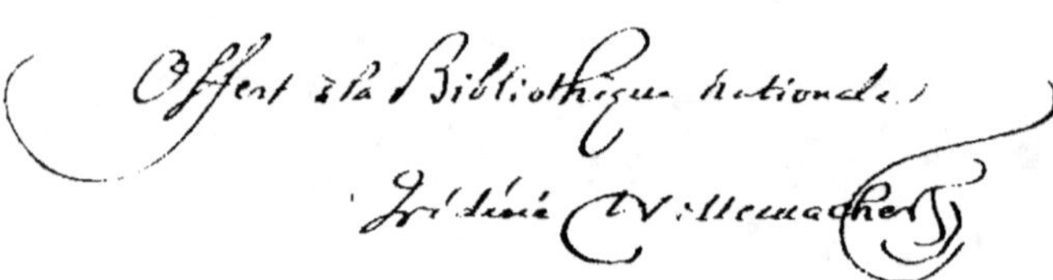

Extrait de la *Revue de Champagne et de Brie*.
Août 1877.

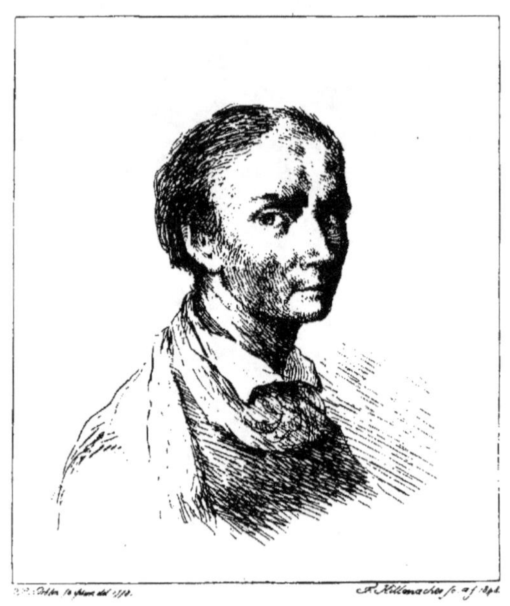

J. P. NORBLIN.

CATALOGUE

DES ESTAMPES

QUI COMPOSENT L'ŒUVRE

DE

JEAN-PIERRE NORBLIN

PEINTRE FRANÇAIS, GRAVEUR A L'EAU-FORTE

RÉDIGÉ

PAR FRÉDÉRIC HILLEMACHER

Deuxième édition

Avec des modifications et additions recueillies sur la collection qui appartient à la Bibliothèque nationale.

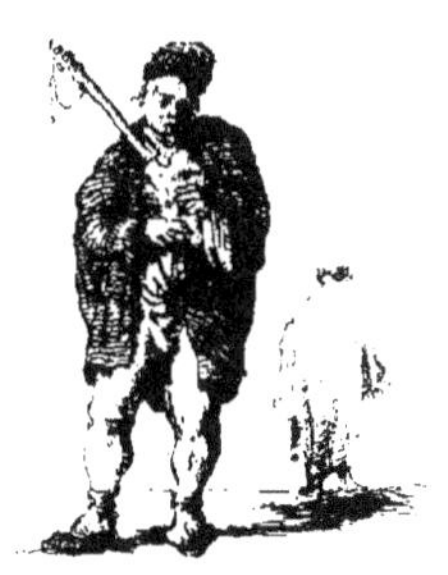

PARIS

HENRI MENU, LIBRAIRE

7, QUAI MALAQUAIS, 7

1877

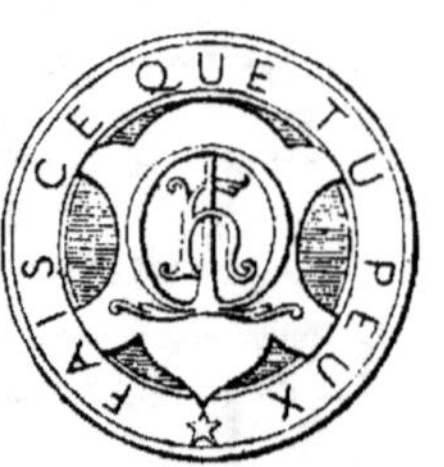
FAIS CE QUE TU PEUX

NOTICE

SUR

J. P. NORBLIN

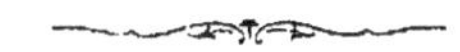

Il est des artistes que leur modestie et les circonstances ont tenus assez à l'écart, en dépit de leur talent, pour avoir attiré trop tard l'attention des biographes et des iconographes ; tel est celui dont nous allons dire quelques mots, avant d'entrer dans le détail des œuvres qui lui donnent un droit réel à l'estime des amis des arts.

Jean-Pierre Norblin de la Gourdaine est né, le 1er juillet 1745, à Misy-Faut-Yonne, près Montereau, dans la Champagne, et fit ses premières études sous la direction de Casanova, peintre de batailles. Recommandé à M. le marquis de Marigny, directeur-général des bâtiments, il entra dans l'Ecole des élèves protégés [1]. Les ouvrages qu'il mit alors au jour, exécutés dans

1. Mémoire des objets sur lesquels M. le marquis de Marigny est supplié de donner ses ordres.

« Le nommé Jean-Pierre Norblin de la Gourdaine, élève de l'Académie royale de peinture et de sculpture, déjà proposé à M. le Directeur-général pour remplir la place du sieur Barthélemy, peintre, dans l'Ecole des élèves protégés, est fils du sieur Norblin, possesseur du fief de la Gourdaine, situé à Mussy en Bourgogne, dans lequel ses père et mère ont vécu ainsi que luy. Il est connu pour très-honnête : sa fortune bornée empêche de donner des secours à son fils.

Ce jeune homme passe pour être fort rangé et très-laborieux. Quelques officiers de l'Académie en parlent avantageusement : M. Dumont, recteur, le reçoit avec amitié. Toutes ces causes réunies le mettent dans le cas qu'exige le premier article des règlements de l'Ecole des élèves protégés, pour y être admis. »

En marge de ce mémoire, M. de Marigny a mis un *Bon* signé d'une *M.* M. de Montucla, premier commis des bâtiments a, postérieurement, ajouté ceci : « N. B. Depuis la lettre écrite, on m'a instruit que cela est contraire à l'article 18 des statuts de l'Ecole des élèves. » * Il fallait, en effet, avoir ob-

* L'Ecole royale des Elèves protégés. *Paris*, 1874. In-8, page 107.

le goût de son maître et du Bourguignon, le firent rechercher de plusieurs seigneurs qui aimaient à protéger les arts dans la personne de ceux qui les pratiquaient. L'un d'eux, le prince polonais Adam Czartoryski, qui l'affectionnait particulièrement, le détermina à s'attacher à sa maison, et à partir pour la Pologne en 1774. Norblin établit à Varsovie une école de peinture d'où sont sortis plusieurs artistes distingués, entr'autres Michel Plonski et Alexandre Orlowski : son atelier devint le rendez-vous des grands de la cour, qui se faisaient un plaisir de le fréquenter; le roi Stanislas-Auguste lui-même honora souvent le peintre de ses visites, l'attira auprès de sa personne, et lui conféra la noblesse, afin que cette qualité lui donnât accès dans les assemblées de la Diète, dont il reproduisit l'aspect dans des compositions capitales. Il peignit alors, pour ce Prince, la bataille de Zborow, sous Wladislas IV; fut l'ordonnateur des embellissements des résidences royales, et trouva, dans son infatigable activité, le temps de s'occuper d'une foule d'autres travaux, parmi lesquels on peut citer son plafond représentant le char de l'Aurore, traîné par sept chevaux d'une dimension colossale, exécuté pour le prince Radziwill. Lors de la guerre de Pologne, notre artiste prit le fusil pour défendre sa patrie d'adoption.

C'est à cette époque que Norblin se livra à un genre dont nous avons plus spécialement à nous occuper ici, c'est-à-dire, la gravure à l'eau-forte. Admirateur passionné de Rembrandt, au point de chercher à reproduire sa manière, il s'est inspiré des effets magiques qui brillent dans les œuvres du célèbre hollandais, et les a souvent rappelées avec bonheur. Ses ombres sont vigoureuses et décidées; ses clairs-obscurs d'une égalité et d'une finesse de ton surprenantes, et le pittoresque de ses figures, pour la plupart vêtues à la polonaise et à l'orientale, très-piquant. On peut, toutefois, lui reprocher dans les sujets historiques des anachronismes de costume, par lesquels il semble avoir voulu ressembler encore plus au maître qu'il affectionnait; on regrette aussi que le type d'une belle nature n'ait pas été le but de ses recherches.

tenu le grand prix pour entrer dans cette Ecole, avant d'être envoyé à l'Académie de France à Rome.

On trouve plus tard cette mention : « Payé d'après la lettre de M. le comte d'Angevilliers, du 30 septembre 1775, au sieur Norblin de la Gourdaine pour gratification, 400 livres. »

Ce n'est pas sans un travail obstiné, qu'apprécieront seulement ceux qui se livrent à la pratique de ce genre de gravure, que Norblin est arrivé à produire les effets qu'on admire dans ses planches : privé, dans un pays alors peu avancé en civilisation, des moyens matériels, au point de devoir planer lui-même ses cuivres, mais convaincu de toutes les ressources qu'offrent la pointe et le burin quand on est parvenu à s'en rendre maître, il a, pour ainsi dire, décomposé Rembrandt en étudiant ses procédés sur ses épreuves les plus usées, et cherché à surprendre ainsi ses secrets. On peut juger s'il y a réussi, et se convaincre, en examinant la suite curieuse d'épreuves différentes qui composent son propre œuvre, que si le peintre de batailles Parrocel savait admirablement *tuer son homme*, nul, depuis Rembrandt, n'a su, mieux que Norblin, *tourmenter son cuivre* et le forcer à rendre sa pensée.

Revenu dans sa patrie en 1804, malgré les efforts qu'on fit pour le retenir en Pologne, Norblin y jouit du fruit de ses travaux, et continua d'exercer, non sa pointe, qu'il avait quittée dès 1789, et qu'il ne reprit qu'une seule fois en 1808, mais ses crayons. Simple dans ses goûts, vivant assez retiré et ne s'occupant pas même de mettre au jour ses eaux-fortes, qui n'ont pas paru de son vivant, il aimait à réunir les estampes des maîtres, principalement celles de Rembrandt, dont il était parvenu à former une belle collection.

Norblin a terminé sa carrière le 23 février 1830, à l'âge de quatre-vingt-quatre ans.

Le culte des arts est héréditaire dans sa famille. D'un premier mariage en Pologne sont nés une fille, et deux fils : l'aîné, Jean, sculpteur distingué, a laissé notamment une statue de Copernic ; le second, Martin, a suivi la carrière musicale, et créé à Paris cette belle école de violoncelle, qui a été la pépinière d'artistes éminents, et qui se continue dans la personne de son fils Emile Norblin.

De son second mariage à Paris sont issus une fille et un fils, Sébastien Norblin, qui a étudié la peinture sous Blondel et Regnault, et a été pensionnaire de France à Rome en 1825.

CATALOGUE DE L'ŒUVRE

DE

JEAN-PIERRE NORBLIN.

NOTA. *La dimension, indiquée en centimètres et millimètres, est celle du cuivre. — On observera, une fois pour toutes, que les premiers états des planches sont rarissimes, ces épreuves ayant été tirées par l'artiste lui-même, seulement pour se rendre compte de son travail.*

PORTRAITS DE NORBLIN

1

L'artiste s'est représenté en buste, assis devant sa table de travail, et abrité derrière le transparent dont se servent les graveurs. Il est tourné de trois quarts à droite, et tient d'une main son burin; l'autre est appuyée sur son cuivre, à côté duquel est l'étui renfermant d'autres outils. (IV.)

H. 13c, 5m. L. 14c, 8m.

I. Le transparent est blanc, sauf quelques ombres légères au sommet. La cravate et la tête ne sont pas plus avancées : la tempe est fortement indiquée.

II. Les mêmes parties un peu plus avancées, notamment sur le transparent.

III. La tête est encore plus travaillée, et, sur le transparent, se dessine en clair une croix, qui est le reflet de la corde qui sert à le tendre.

2

Autre portrait, gravé en sens contraire au précédent, et moins à l'effet. L'artiste a une cravate passée négligemment au-dessous du col de sa chemise : il tient en main sa palette et ses pinceaux, et regarde le spectateur. Au haut à gauche, dans le fond, est écrit : *Norblin fecit* 1778. (III.)

H. 15, 6. L. 10, 7.

I. Trait massé fort incomplet, avant les mains, la cravate, et nombre de travaux.

II. Avec la lettre, les mains, et autres remarques. La planche est mise à l'effet, et on observe dans cet état que le contour de l'épaule et le bord du col de la chemise sont rentrés au burin et non ébarbés.

ANCIEN TESTAMENT

3

— La chaste Suzanne

Appuyée contre un hémicycle qui borne une piscine, Suzanne se débat contre l'étreinte impudique des deux vieillards qui l'ont surprise. Elle est nue ; à côté d'elle sont épars ses vêtements et ses pantoufles : au fond, un feuillage épais. Au bas de l'hémicycle, on lit dans l'ombre : *Norblin fecit* 1776. (VII.)

H. 16, 7. L. 22, 4.

I. Eau-forte pure. Les personnages ne sont pas encore dégagés des fonds par des travaux à la pointe sèche non ébarbés.

II. Avant la lettre et la mise à l'effet des draperies des deux vieillards, excepté pour la partie supérieure de celui qui occupe la droite ; celui de la gauche a la tête couverte d'une calotte d'un ton peu foncé. Il y a contre le bord supérieur la place de l'étau.

III. Les draperies sont travaillées, et la calotte est chargée en noir ; le pied du vieillard à droite est sensiblement dégagé des ombres.

IV. Avec lettre, et les fonds éclaircis. Le pied est plus chargé d'ombres, et la prise de l'étau couverte.

V. Même condition, mais avec plus de travaux dans toute la partie gauche du paysage.

VI. Les travaux éclaircis sur le corps de la femme, et la poitrine mieux modelée. Dans cet état, la tête du vieillard de droite est encore de profil complet, et coiffée d'un chaperon ; elle a été remplacée dans le 7e état par une tête de profil perdu, coiffée à l'orientale.

— 4

Adoration des Bergers

La Vierge, accompagnée de St-Joseph qui est debout auprès d'elle, appuyé sur un bâton, tient l'Enfant-Jésus emmailloté sur ses genoux, et reçoit, dans l'étable de Bethléem, les adorations des Bergers, dont un porte une lanterne à la main. Pièce légèrement cintrée du haut. (VII.)

H. 8, 0. L. 10, 2.

I. L'eau-forte pure. La planche est beaucoup plus grande, car elle porte 12, 2 sur 17, 5. Tout l'espace retranché plus tard est occupé par des figures et des accessoires d'étable.

II. Même dimension. Tout le travail est repris au burin, et mis à l'effet.

III. Les travaux sont grattés et affaiblis, excepté dans un carré réduit à 8, 0 sur 10, 2, qui renferme les personnages principaux. Dans cet état, le profil d'une femme est introduit derrière le personnage qui porte la lanterne.

IV. La partie réservée est reprise au burin et à la pointe sèche, sans être toutefois au dernier effet.

V. La planche est coupée, et réduite aux dimensions indiquées en tête.

VI. On remarque une ceinture sur le Saint-Joseph. Dans cet état, les travaux au centre de la planche ne sont pas encore éclaircis, pour concentrer d'une manière plus accusée la lumière projetée par la lanterne.

- 5

Prédication de St-Jean-Baptiste

St-Jean, placé sur une éminence, est entouré d'une foule nombreuse, dans laquelle on remarque, à droite, un personnage à cheval, et un autre sur un chameau, abrité par un parasol. Dans le lointain, est un pont, au-delà duquel se déploie un vaste paysage : au milieu de la composition, une colonne surmontée d'un buste vu de profil. Sur les terrains, à droite, on lit *N. f.* 1808, *d'après Rembrandt.* La pièce est cintrée par le haut, et les angles sont remplis par des tailles.

Cette planche est la dernière gravée par Norblin, qui se proposait de la mettre plus à l'effet.

H. 50, 2. L. 64, 0.

- 6

Sainte-Famille

La Vierge, debout, s'apprête à donner le sein à l'Enfant-Jésus, qui est nu et endormi sur un coussin que soutient par derrière, sur une table, saint Joseph. Celui-ci est coiffé d'une toque, et vu dans l'ombre.

Pièce en ovale. (V.)

H. 12, 3. L. 9, 7.

I. L'eau-forte pure.

II. Des tailles sont introduites sur l'Enfant, pour le mettre à l'effet.

III. Ces travaux sont adoucis par la pointe sèche ébarbée. L'Enfant est endormi. On remarque une petite broderie sur la manche serrée au poignet de la Vierge.

IV. Ici, la broderie a disparu. L'Enfant est éveillé : ses yeux sont tournés vers le sein de sa Mère.

- 7

La Grande résurrection de Lazare

Au milieu de la stupéfaction du peuple prosterné dans un caveau obscur, le Christ, sur la personne duquel se concentre une vive lumière, ordonne, d'un geste impératif, à Lazare, de sortir de son tombeau. Des armes et un écusson armorié sont appendus aux colonnes qui supportent la voûte. (V.)

H. 18, 3. L. 16, 6.

I. L'eau-forte pure. On remarque contre le bord supérieur un blanc, à la place qu'occupait l'étau.

II. La planche est reprise à la pointe sèche, et le blanc de l'étau couvert. Le Lazare n'avance plus qu'un bras, au lieu d'avoir les mains étendues et jointes. Le personnage de droite, couvert d'une toque, a les mains écartées.

III. Même condition, sauf que les personnages accessoires sont plus dégagés et plus terminés.

IV. Les mêmes personnages rembrunis, notamment la tête d'un homme qui est derrière la draperie de droite. Dans cette épreuve, l'ombre de la main du Christ, projetée sur la colonne, n'a pas encore les doigts accentués, comme dans le dernier état.

8

La Petite résurrection de Lazare

Jésus-Christ, entouré de plusieurs personnes réunies dans un vaste caveau, s'adresse à Lazare du haut d'une estrade régnante, à laquelle on parvient par quelques marches, et lui ordonne de sortir de son tombeau. Celui-ci, dont le sépulcre est au niveau du sol, et dans sa partie la plus éclairée, obéit à Notre-Seigneur, et est déjà presque sur son séant.

Sur la pierre qui supporte le Christ, on lit, en caractères peu apparents : *N. f.* 1784 ; et, dans la marge à gauche, contre le travail : *Norblin fecit* 1784. (II.)

H. 17, 3. L. 12, 2.

I. Première eau-forte, avant la remorsure de toute la planche.

9

Ecce Homo

Jésus-Christ présenté au peuple sur l'escalier du Prétoire. Il est placé sous un dais : au-devant, une espèce de tribune sur laquelle est un livre, et, à côté, le roseau qui fut mis dans les mains du Sauveur. Une soldatesque, armée de lances et de faux, l'accompagne, et Pilate le montre à la foule dont les individus du premier plan sont vus à mi-corps. Une architecture assez rudement indiquée occupe le fond. (II.)

H. 34, 2. L. 38, 0.

I. L'eau-forte pure, tirée avant que la planche, qui n'a pas été complètement terminée, ait été grattée et préparée à la pointe sèche en maint endroit, pour arriver plus tard à l'effet général.

SUJETS HISTORIQUES

10

Alexandre et Diogène

Alexandre, accompagné d'un cortège de soldats, rend visite au philosophe cynique, qu'il trouve dans un tonneau au haut duquel est suspendue sa lanterne. Celui-ci répond à sa première interpellation par ce mot connu : *Ote-toi de mon soleil!* — Dans le fond, des gardes contiennent le peuple amassé devant une espèce de porche orné de statues.

On remarque que le roi de Macédoine porte une toque surmontée de hautes plumes blanches, et tout le costume d'un seigneur espagnol du XVII° siècle ; les soldats ont des coiffures et des armes bizarres. L'architecture se rapproche du style gothique. On voit deux idoles : l'une, sur le porche, l'autre au sommet d'un piédestal élevé devant le monument. (VI.)

H. 24, 5. L. 18, 2.

I. Première eau-forte.

II. La planche mise à l'effet.

III. Cet état se distingue du précédent, en ce que le graveur a introduit un grand vase derrière l'idole qui est sous le porche.

IV. Même condition : les parties ombrées sont mieux définies, et renforcées, notamment sous le porche.

V. La planche plus travaillée. La seconde idole paraît pour la première fois, mais vue au sommet seulement, et derrière un pan de mur. Dans le dernier état, le piédestal est visible jusqu'en bas.

11

Alexandre et Apelles

Le Roi rend visite à l'artiste dans son atelier, et le trouve occupé à faire le portrait de Campaspe, qui se dissimule derrière le chevalet. On sait qu'Alexandre, ayant su qu'il était devenu amoureux de cette femme, sa maîtresse, lui céda généreusement tous ses droits sur elle, et que ce peintre l'épousa.

Le Prince est assis devant le tableau : ses officiers l'accompagnent. A l'extrême gauche, un personnage vu de dos est occupé à broyer des couleurs sur un bloc, où est inscrit à rebours le monogramme *D.* 1733. On lit en outre par terre : *Norblin fecit* 1774. Enfin, dans la marge du bas, est un cavalier armé, qui divise la légende suivante : *Dédié à Son Altesse Monseigneur le prince Adam Czartoryski, général de Podolie, par son très-humble et obéissant serviteur Norblin de la Gour-*

daine. Contre le trait carré, à gauche, il y a : *Peint par Dietricy*, et à droite : *Gravé à Varsovie par Norblin.* (X.)

H. 25, 6. L. 35, 0.

- I. L'eau-forte pure.
- II. La même, avec quelques travaux non ébarbés sur les deux personnages principaux, pour commencer à les mettre à l'effet.
- III. Le buste du soldat appuyé sur son arme est repris au burin et chargé d'ombres, ainsi que la draperie à l'extrême droite, et l'espace vide au-dessous du chevalet.
- IV. La planche est plus à l'effet dans toute la partie vide. L'ombre portée par la main du Roi est plus déterminée.
- V. Dans cet état, la main droite du soldat casqué n'est qu'un lourd pâté d'encre.
- VI. La main du soldat casqué est mieux accentuée, et tous les doigts sont indiqués. Le personnage à sa droite, et qui est coiffé d'un bonnet, est poussé à l'effet.
- VII. Les ombres sont renforcées sur les fonds, ainsi que sur la femme nue derrière le chevalet.
- VIII. La gravure est terminée ; mais elle est encore avant la lettre, sauf le monogramme *D.* 1733.
- IX. Avec la signature du Maître et la dédicace, mais avant l'indication, au burin, dans la marge, des noms du peintre et du graveur.

— 12

Le Roi de Bohême

Les Bohémiens, qui cherchaient un roi, furent instruits par une magicienne que le premier qu'ils rencontreraient mangeant sur une table de fer était le plus digne de leur commander. En effet, ils trouvèrent dans la campagne un paysan qui déjeunait sur le soc de sa charrue retourné, et lui offrirent la couronne. Ancienne légende de l'histoire de Bohême. Il y a à gauche, dans la marge : *Norblin fecit* 1777. *Wolssin en Lithuanie.* (IV).

H. 41, 1. L. 29, 5.

- I. L'eau-forte pure. Derrière le personnage principal, sur le soc de charrue, est un pot avec une anse.
- II. Le même personnage a plus d'intensité sur les ombres de son vêtement, et sa figure est plus éclairée. L'homme agenouillé qui présente le sabre est remis aux tons clairs. Dans cet état, le pot est remplacé par une écuelle.
- III. Toute la planche est à l'effet. La tête du nègre, le parasol, et la croupe du cheval ont été adoucis dans le 1er état, décrit en tête.

13

Le premier des Piast

Légende relative à l'origine de cette dynastie. Plusieurs individus, richement vêtus, s'adressent à un homme occupé à puiser de l'eau : un d'eux, habillé de blanc et coiffé d'un turban de la même couleur, lui présente la couronne. Dans un petit carré réservé à l'angle gauche inférieur, on lit, à travers les tailles : *Norblin f.* 1776. (III.)

H. 8, 9. L. 7, 0.

I. La femme assise à côté du puits lève la main droite.

II. La main droite de la femme est supprimée ; le feuillé des arbres est chargé en noir. Dans le 3e état, décrit en tête, ce feuillé est adouci, et des fers de lance se voient au-dessus des personnages groupés à gauche.

SUJETS DE FANTAISIE

14

Le Scribe

Dans un lieu obscur et retiré, tendu de vastes draperies, un personnage coiffé d'une calotte noire et vêtu d'une robe claire dont les manches sont pendantes, est debout devant une table qui est couverte d'un tapis, et sur laquelle sont des livres et des images de sainteté : le tout éclairé par deux flambeaux et orné d'un arbuste qui étend ses rameaux. Il tient de la main droite un livre sur lequel il écrit de la gauche. Le long de la marge, à droite, contre le travail, on lit en travers : *Norblin fecit* 1781. *Varsovie.* Cette estampe est gravée d'après un tableau de Rembrandt, peint en 1644. (II.)

H. 24, 2. L. 21, 7.

I. L'eau-forte pure. Il y a contre le bord supérieur un blanc produit par la prise de l'étau.

15

L'Invention du dessin

L'artiste a mis en action la légende qui attribue à la douleur ingénieuse d'une amante l'invention fortuite du principe de l'art de dessiner. Un guerrier armé de toutes pièces, et tenant sa longue lance, va s'éloigner, lorsque la femme qui lui dit adieu, appuyant une main sur son épaule, trace de l'autre sur le mur le profil de sa figure, en suivant le contour de l'ombre projetée par une lampe suspendue derrière eux. On lit au bas de la marge : *P. Norblin f.* 1775. Pièce cintrée par le haut. (VIII.)

H. 20, 6. L. 15, 7.

I. L'eau-forte pure. Outre les deux personnages indiqués, il y a une figure de femme assise. La planche, à son bord supérieur, a un blanc produit par la morsure de l'étau. Le nom du graveur à gauche est indiqué à la pointe sèche.

II. Le sujet est mis complétement à l'effet, et la marge du bas couverte par un lavis à l'eau-forte.

III. La femme assise est supprimée. La composition est cintrée par le haut et couverte de tailles. Le lavis de la marge inférieure a disparu.

IV. Même condition, avec l'addition d'une serrure sur la porte à droite : on lit à gauche une nouvelle inscription mise à l'eau-forte : *J. P. Norblin*, 1773.

V. Le cuivre est découpé dans sa partie supérieure, suivant la courbe décrite.

VI. Des travaux de roulette ont été établis sur les clairs-obscurs, afin de concentrer la lumière au milieu de la composition.

VII. Sur la porte à droite il y a de nouveaux travaux de tailles horizontales, à l'effet d'assombrir ce plan. Cet état est avant le travail général fait dans la dernière épreuve décrite en tête, sur les mêmes parties, pour les égaliser, et qui semble fait au pinceau comme un lavis à l'eau-forte.

16

Les Adieux

Dans un appartement orné de tentures somptueuses, un guerrier botté et cuirassé, tenant sa toque de la main droite, saisit de l'autre main celle d'une dame richement vêtue, aux pieds de laquelle il s'est jeté, et qui semble plongée dans la douleur. Elle est debout sur une estrade, à côté d'une statue de Diane chasseresse. (V.)

H. 12, 10. L. 9, 5.

I. L'eau-forte primitive, chargée de travaux non ébarbés.

II. La planche éclaircie sur le personnage de la femme. La statue de Diane est également dégagée et éclaircie. On voit dans cette épreuve des broderies sur le pan de rideau à gauche.

III. La statue et divers travaux rejetés dans le clair-obscur.

IV. Dans cet état, la tête de la Diane est refaite de face ; néanmoins, on voit encore l'ancien profil, qui a disparu dans le dernier état décrit en tête.

17

La Liseuse

Une petite fille, ayant les pieds nus et les cheveux relevés à la chinoise, tient sur ses genoux un gros livre qu'elle lit à la lueur d'un foyer de cuisine, d'où s'échappe une flamme vive, acompagnée d'étincelles (II.)

H. 10, 7. L. 8, 0.

I. Avant que la planche ait été arrondie aux quatre angles, et avant que certaines parties aient été assombries à la roulette, afin de localiser la lumière sur la partie gauche du buste de la jeune fille.

18

Le Petit philosophe

Un jeune garçon, vêtu d'une robe et vu jusqu'aux genoux, est assis à côté d'une table sur laquelle il s'appuie du bras gauche. L'artiste a placé sur cette table, comme accessoires, un encrier, une tête de mort, et deux énormes in-folio surmontés d'une pancarte écrite. Un de ces volumes, incliné, porte au dos, en forme de titre, les majuscules *NOR* et au-dessous le *n*° 12, le tout à rebours. Pièce légèrement cintrée du haut, et bordée d'un trait noir accentué. (III.)

H. 7, 7. L. 8, 8.

I. L'eau-forte pure. La planche, qui n'est pas cintrée, porte en hauteur 14, 5. Le jeune garçon est complétement en pied, et il n'y a pas d'ombre portée derrière lui.

II. Le sujet est travaillé à l'effet. La planche est réduite à une hauteur de 12, 2; on lit contre le trait supérieur : *Norblin fecit* 1776. Dans le dernier état, décrit en tête, la planche est encore diminuée et les travaux sont éclaircis.

19

Le Dessinateur

Un personnage coiffé d'un bonnet surmonté d'une plume, et auquel le graveur semble avoir voulu donner de profil la ressemblance de Rembrandt, est assis devant une table, et copie l'étude, placée en face de lui, d'une femme nue et agenouillée. La chambre, éclairée par un flambeau que masque le dessinateur, est garnie de toiles, de cartons et autres objets meublant un atelier : on remarque sur une console un buste colossal casqué. (V.)

H. 7, 5. L. 8, 5.

I. L'eau-forte pure. Le personnage a la tête nue, et est vu par derrière.

II. La planche est plus à l'effet. Il y a des contretailles sur la console qui supporte le buste.

III. La planche est terminée, mais le personnage a encore la tête découverte.

IV. Dans cette épreuve, le graveur a éclairci le fond au devant de la tête, et semble avoir voulu faire supposer une lumière placée derrière; particularité qu'il a fait disparaître dans le 5e état décrit plus haut.

20

La Charité polonaise

Une femme ayant le front et le menton enveloppés, et tenant d'une main une torche et de l'autre un pot, présente à boire à un malade couché sur un grabat. Une espèce de cognée est appuyée contre la tête du lit. (II.)

H. 7, 2. L. 5, 5.

I. L'eau-forte pure.

21

L'Alcove

Sujet libre. Pièce en ovale sur un cuivre carré. On lit autour de l'ovale, au haut à droite : *Norblin fecit* 1777, et en bas : *à Warsovie*. (II.) Rare.

H. 6, 6. L. 5, 0.

I. L'eau-forte pure.

22

La Méditation

Un vieillard à barbe blanche, vu en buste, couvert d'un bonnet et vêtu d'une robe, réfléchit devant un livre ouvert sur ses genoux. Il tient ses lunettes de la main droite, et il est éclairé par un flambeau placé devant lui. Des livres et une sphère se voient à sa gauche.

H. 5, 8. L. 4, 5.

23

Le Chroniqueur

Dans une chambre obscure, un personnage, coiffé d'un bonnet et vêtu d'une robe, est assis dans un fauteuil, et écrit dans un vaste livre ouvert sur une table. Il est éclairé par une fenêtre placée derrière lui.

H. 2, 6. L. 2, 2.

23 bis.

Le Guerrier

Un guerrier coiffé d'un casque à longue plume tombante, et qui s'appuie de la main gauche sur une lance courte. La main droite est derrière le dos.

Cette pièce, probablement unique, car elle n'est connue que dans l'œuvre possédé par la Bibliothèque nationale, est gravée au trait, et l'artiste l'a retouchée à l'encre de chine pour la mettre à l'effet.

Le témoin du cuivre manque, et le carré du travail porte 10, 1 de hauteur, sur 5, 0 de largeur.

— 24

L'Homme aux béquilles

Portrait d'un baladin connu dans Varsovie sous le nom d'*Orlandini*. Il est vu de face, coiffé d'un chapeau rond et porte des culottes courtes et un habit fermé par un seul bouton. Il marche en s'appuyant d'une béquille sous chaque bras. Au haut à gauche, on lit *No. f.* 1787. (II.)

H. 8, 1. L. 7, 0.

I. Avant que des coups de force, donnés avec le burin pour raffermir l'ombre autour des béquilles, aient été ébarbés.

— 25

Le Grand marchand de mort-aux-rats

Un homme tenant de la main gauche une perche au haut de laquelle est une cage à rats surmontée d'un de ces animaux, élève son onguent en l'air de la main droite, et l'annonce à grand renfort de poumons. Il porte une boite en bandoulière, et il est accompagné d'un chien barbet. Au haut, à gauche, il y a en caractères qui ont disparu sur certaines épreuves de cet état : *N. f.* 1781. (II.)

H. 10, 8. L. 5, 6.

I. L'eau-forte pure, avant les reprises en travaux légers sur tout le personnage, et avant les ombres derrière lui.

— 26

Le Petit marchand de mort-aux-rats

Un homme, coiffé d'un bonnet et vêtu d'une houppelande déguenillée, dont le collet est garni de fourrure, se dirige vers la droite, appuyé sur une perche à laquelle sont appendus des rats. Il tient de la main gauche un paquet qu'il offre, et il maintient du bras droit sa boite attachée par une bandoulière. (II.)

H. 9, 3. L. 3, 5.

I. Avant que les reprises sur certaines parties ombrées, et notamment sur le contour du mollet de la jambe gauche, aient été ébarbées.

— 27

Le Grand joueur de cornemuse

Un homme, coiffé d'un petit bonnet et portant un manteau, joue de la cornemuse en tournant la tête à droite. A l'angle supérieur du côté opposé, on lit en caractères retournés : *Norblin fecit Varsovie* 1787. (III.)

H. 8, 1. L. 5. 6.

I. Avant la reprise, à la pointe sèche, du contour supérieur du bras droit.

II. Avec ce contour non ébarbé, et qui l'a été dans le dernier état décrit en tête.

— 28

Le Petit joueur de cornemuse

Un personnage vêtu d'une houppelande à mi-corps, et ayant un bonnet sur la tête, joue de la cornemuse. On voit à l'angle gauche supérieur : *N. f.* 1781. (II.)

H. 4, 3. L. 3. 1.

I. Avant les tailles à l'eau-forte sur l'habit et sur la partie ombrée des jambes.

— 29

Le Moine en prière

Un moine, agenouillé au milieu de broussailles et de ruines, et ayant les bras tendus en l'air, est en contemplation devant une tête de mort. A sa gauche est un grand livre ouvert et une bouteille au-dessus. On lit au haut à gauche : *N. f.* 1780. Cette petite pièce est en hauteur, et les angles du cuivre sont fortement arrondis.

H. 4, 0. L. 2. 4.

30

Le Combat

Mêlée de cavalerie, dont une fumée épaisse, qui s'étend principalement sur la gauche, dérobe la plus grande partie au spectateur.

Pièce rarissime ou plutôt unique, qui faisait partie du cabinet de M. Norblin fils, à Paris, d'où elle a passé à la Bibliothèque nationale.

H. 4, 8. L. 10, 0.

31

Le Blason de Radziwill

Ecusson de la famille polonaise de Radziwill D'or, à l'aigle éployé de sable, brochant sur l'aigle un écusson écartelé surmonté de trois casques, dont un, au milieu, porte également un aigle au cimier. Le tout entouré du manteau ducal avec la couronne de prince du Saint-Empire. Rare.

H. 9, 5. L. 8, 2.

GUEUX ET MENDIANTS

— 32

Gueux

Vu de dos, ayant une besace passée par dessus l'épaule, il s'appuie de chaque main sur des bâtons : il tient, en outre, son bonnet de la gauche. Au haut, à droite *N. f.;* à gauche 1787. (II.)

H. 8, 2. L. 5, 3.

I. Premier état, avant que les cheveux aient été poussés au noir et augmentés de volume. Des travaux à l'eau-forte sur le vêtement, et la pointe sèche sur les ombres, ont complété plus tard la mise à l'effet.

33

Deuxième gueux

Il est vêtu d'une mauvaise houppelande, et a la tête nue; il marche appuyé des deux mains sur deux cannes : profil du personnage décrit sous le numéro précédent. Au bas à gauche, dans les terrains, on lit : *Norblin f.* 1787. (III.)

H. 10, 5. L. 7, 0.

I. L'eau-forte pure, avant les reprises à la pointe sèche.

II. Avec ces reprises sur toutes les parties ombrées. Dans cet état, quelques tailles au-dessous de la manche droite et sur le poignet gauche ne sont pas encore ébarbées.

— 34

Gueuse

Une femme coiffée d'un chapeau à mentonnière, ayant sur le dos un manteau déguenillé, tient à la main une espèce de cabas. Elle est tournée de profil à gauche; du même côté, à l'angle supérieur, est écrit à rebours : *N. f.* 1787. (II.)

H. 6, 7. L. 5, 2.

I. Avant les reprises à l'eau-forte dans les ombres, et avant les lettres *N. f*

— 35

Le Mendiant

Un homme à peine couvert, assis les jambes nues, et dont l'attitude décèle le froid et la misère, semble implorer la pitié des passants : son chien barbet est à côté de lui. On lit dans le fond : *Norblin f.* 1787. (III.)

H. 9, 5. L. 7, 3.

I. L'eau-forte pure.

II. Avec des travaux à la pointe sèche sur les parties ombrées qui détachent les mains; on remarque des tailles transversales sur la cuisse droite. Tous ces travaux n'ont été ébarbés que dans le troisième état, décrit en tête.

36

Les Mendiants

Deux individus misérablement vêtus sont groupés et tournés à gauche : l'homme est debout, appuyé sur un bâton ; la femme, assise, tend la main pour demander l'aumône. Derrière celle-ci on lit, en caractères faiblement tracés : *Norblin, f.* 1784. Rare. Il y a des reprises à la pointe sèche assez rudement faites sur diverses parties du contour des personnages.

H. 5, 7. L. 4, 6.

PAYSAGES

37

Le Village

Diverses maisons occupent la droite d'un paysage ; une principale est au milieu de la composition, à côté d'un arbre assez élevé. De l'autre côté est une basse-cour où sont des volatiles et une femme qui porte de l'eau ; deux autres personnages sont groupés sur le premier plan. Au fond, des massifs d'arbres. On lit, à l'angle supérieur de gauche : *Norblin fecit Xbre* 1778. (VI.)

H. 6, 5. L. 11, 4.

I. L'eau-forte pure. Le ciel est blanc, et un grand arbre penché est à gauche de la maison.

II. L'arbre est supprimé à partir du tronc et transporté à droite. Il y a des travaux dans les ciels, et les fabriques sont moins nombreuses à droite.

III. Les fabriques à droite sont modifiées. On remarque une cheminée qui fume.

IV. Les terrains de devant, à droite, sont chargés d'ombres au bas de la planche.

V. Dans cet état, un petit arbre, placé à gauche de la maison, a été supprimé dans la partie qui se détache sur le ciel. Il y a des travaux de pointe sèche non ébarbés sur le tronc qui subsiste, lesquels n'ont été ébarbés que dans le dernier état décrit en tête.

38

La Basse-Cour

Le paysage offre des chaumières villageoises attenantes l'une à l'autre. Dans un espace que laissent des fumiers amoncelés sur la gauche, deux femmes sont occupées à converser: un petit chien est auprès d'elles. Au-dessus des fabriques sont des massifs d'arbres. On lit, à l'angle supérieur gauche, *Norblin fecit* 1777. (III.)

H. 4, 5. L. 8, 8.

I. Avant les ciels, avant le groupe d'arbres du milieu, et la cheminée sur la chaumière de gauche.

II. Dans cette épreuve, les barbes qui sont sur les deux tertres de droite et de gauches sont adoucies. Cet état est avant des travaux nouveaux à l'eau-forte sur le chaume de la maison.

39

Le Clocher

Sur une route formée à droite et à gauche par une haie de planches qui détermine la limite de terrains où des chaumières sont assises à gauche, roule une charrette couverte qui est accompagnée de quelques individus. A l'horizon on aperçoit des édifices, entre autres une église dont le clocher est extrêmement élevé. La pièce est cintrée aux deux angles supérieurs. Rare. (II.)

H. 2, 9. L. 7, 5.

I. La pièce porte 3, 9 en hauteur et le cintre est beaucoup plus déterminé. On remarque que le clocher principal et une petite tour plus reculée sont moins élevés. Cet état est, en outre, avant la reprise à l'eau-forte de plusieurs parties de la planche.

40

Le Champ de Blé

Paysage offrant, à gauche, un champ dont les blés cachent à demi une chaumière située au-delà. Sur la droite, un terrain nu, et à l'horizon des massifs d'arbres et des clochers. Cette planche a été gravée en 1780. (III.)

H. 2, 4. L. 8, 9.

I. Avant le prolongement de la chaumière à gauche, et avant l'indication, à droite, de quelques peupliers à l'horizon.

II. Cet état porte des travaux à la pointe sèche non ébarbés, ajoutés notamment à la gauche de l'estampe.

41

Le Rocher

Petit paysage en hauteur. A gauche un roc élevé ; sur la route qu'il borde, une femme chemine, assise sur un âne. Contre le bord supérieur de la planche légèrement cintrée, on lit : *N. f.* 1779. Rare.

H. 3, 5. L. 1, 9.

TÊTES DE FANTAISIE

42

a. Portrait en buste de la femme de l'artiste, qui l'a représentée en 1787 coiffée à la mode du temps, c'est-à-dire, le chignon déroulé et les cheveux pendants sur les épaules. Elle porte un fichu blanc et elle a la tête tournée de trois-quarts à droite. On lit dans la partie éclairée du fond : 1787 *N. f.* Pièce en ovale, avec une pointe légèrement indiquée aux deux bouts. (III.)

H. 6, 2. L. 4, 6.

I. L'eau-forte pure, faiblement mordue.

II. La tête est reprise à la pointe sèche, et le dessin de l'œil droit sensiblement modifié. Cette épreuve est encore avant l'indication de la lettre, du buste, et avant les fonds.

43

b. Tête de femme : elle est représentée de trois quarts à gauche, ayant par dessus les cheveux un turban dont les franges retombent à droite. On lit au bas du cuivre : *Norblin* 1778. Pièce circulaire.

H. 3, 4. L. 3, 4.

44

c. Profil de femme à droite. Elle porte dans les cheveux un ruban noir dont les bouts descendent derrière l'oreille droite. A l'angle inférieur : *N. f.* 1776. Pièce légèrement cintrée du haut. Rare. (II.)

H. 2, 7. L. 2, 2.

I. Le front et le menton, plus fuyants ici sur le profil, rendent le caractère de la tête tout différent. Le ruban n'existe pas.

45.

d. Profil droit d'une jeune femme qui porte une coiffure assez en arrière : une plume blanche tombe par devant. Pièce en ovale. Rare. (III.)

H. 2, 6. L. 2, 3.

I. L'eau-forte pure.

II. Avec des travaux nouveaux à l'eau-forte, notamment sur le buste. La plume est encore à peine visible.

46

e. Tête, vue de trois quarts à gauche, d'un personnage coiffé d'un bonnet à fourrure, dont la partie inférieure, ceignant le front, est en étoffe. La moustache et la barbe, peu fournies, sont blanches. Le collet de l'habit est droit et remonte très-haut derrière la nuque. A l'angle supérieur gauche, on lit, en caractères peu visibles : 1784. (II.)

H. 6, 1. L. 4, 3.

I. L'habit est clair et teinté par quelques tailles légères. Des préparations d'ombre sont indiquées énergiquement à la pointe sèche.

47

f. Buste de profil à droite, d'un homme chauve et sans barbe. Il est coiffé d'une petite calotte et porte une robe blanche sur la broderie de laquelle est écrit : *Norblin fecit* 1781. Cette tête est celle du personnage représenté en pied dans le sujet No 14 du catalogue. (II.)

H. 5, 5. L. 4, 5.

I. Avant que le contour de la calotte et celui du col par derrière aient été rentrés au burin.

48

g. Buste d'un personnage coiffé d'une vaste toque dont les attaches sont réunies par un cordon lâche passant sous le menton. Il est vêtu d'une robe par dessus laquelle est passée une pelisse, et il fait un geste indicateur de la main gauche. On lit dans le fond : *Norblin f.* 1787. (II.)

H. 5, 8. L. 4, 4.

I. Avant la main droite ; la gauche est indiquée seulement à la pointe sèche, et le doigt indicateur n'est pas levé. Cette épreuve a pour toute lettre le millésime 1784 faiblement indiqué à droite, et qui a disparu dans le second état.

49.

h. Un personnage ne portant ni barbe ni moustache, coiffé d'un bonnet et vêtu d'une robe fourrée, est vu en buste, tenant de la main gauche un papier qu'il indique de la droite. Sur ce papier est écrit le millésime 1784. (II.)

H. 5, 9. L. 4, 7.

I. L'eau-forte pure, avant nombre de travaux repris à l'eau-forte. Dans cet état, le contour du bonnet est indiqué fortement à la pointe sèche.

50.

i. Profil à gauche d'un homme sans moustache, mais ayant de la barbe, et les cheveux rares sur le sommet de la tête. On lit au bord supérieur de la planche le millésime 1779. La pièce est cintrée par le haut. (III.)

H. 3, 8. L. 3, 3.

I. L'eau-forte pure : le masque est presque blanc. La pièce est en outre cintrée par le bas, et on y lit : *Rembrandt fec.* 1646.

II. La tête et le vêtement sont ombrés. Avant le millésime 1779, et avant que le cintre du bas contenant l'inscription ait été coupé.

51.

j. Buste vu de trois quarts à droite, d'un homme dont la chemise est rabattue sur le cou. Il est chauve, sauf au derrière de la tête, où les cheveux sont abondants et noirs. Contre les tailles du fond, à droite, on lit, en caractères retournés et peu visibles : *Nb.* 1780. Pièce légèrement cintrée du haut. Rare. (III.)

H. 3, 3. L. 2, 8.

I. L'eau-forte pure. Travail délicat qui a disparu dans les états suivants.

II. Avec des reprises dans la tête, et avec des tailles sur le fond, avant que la partie ombrée du visage ait été renforcée lourdement, afin de faire ressortir en lumière le nez et la lèvre supérieure.

52

k. Tête de moine. Figure très-allongée, entièrement de face et rasée, sauf une couronne de cheveux sur le sommet du crâne. Au haut de la planche, on lit, à droite *N. f.*, et à gauche 1787, le tout au rebours.

H. 3, 5. L. 2, 9.

53

l. Buste d'un personnage vu des trois quarts à droite, regardant le spectateur. Il a les cheveux en désordre et une maigre moustache ; son col nu sort d'un habit attaché par devant avec des pattes. A l'angle supérieur gauche, on lit, non sans difficulté, le millésime 1784. Morceau gravé d'une pointe légère, et qui a peu mordu.

H. 4, 4. L. 4, 4.

54

m. Tête d'un personnage coiffé d'une toque noire, dont la plume, passant par derrière, tombe contre l'oreille. Il est vu presque de face, et porte une barbe qui recouvre à peine son menton. On lit dans le fond 1778. Pièce en ovale. (III.)

H. 2, 3. L. 2, 0.

I. L'eau-forte, avant la plume.
II. La planche reprise à l'eau-forte, avec la plume et les épaules dessinées, mais encore avant la date.

55

n. Tête, de trois quarts à gauche, d'un jeune homme portant des cheveux crépus. Il y a au bas, à gauche, *N*. 1778. Pièce en ovale. Rare. (II.)

H. 2. 9. L. 1, 9.

I. L'eau-forte pure, avant la lettre.

TÊTES DE VIEILLARDS

56

a. Buste d'un vieillard à barbe blanche, tourné de trois quarts à gauche, et levant les yeux vers le ciel. Les deux mains sont appuyées sur un bâton. (II.)

H. 6, 2. L. 5, 3.

I. Avant l'angle droit supérieur recouvert à l'eau-forte, et d'autres travaux légers sur toute la planche.

57

b. Croquis d'une tête vue de face, chauve et pourvue d'une barbe courte. Il y a au bas, à gauche : *N*. et au haut, du même côté : *Norblin f*. 1787. (II.)

H. 7, 4. L. 6, 1.

I. L'eau-forte pure, avant quelques reprises à la pointe sèche dans les ombres.

58

c. Tête vue de face : le front est assez découvert, la barbe blanche et fournie. Les parties ombrées sont rehaussées à la pointe sèche. On lit dans le fond, à droite, *N*. 1780. (II.)

H. 4, 5. L. 4, 0.

I. L'eau-forte pure, avant la lettre.

59

d. Tête vue de trois quarts à droite, d'un personnage ayant une longue barbe blanche : il porte un vêtement noir, et une toque de la même couleur. Au bas, à droite, *N*. *f*. 1784. Pièce légèrement cintrée du haut. (II.)

H. 4, 4. L. 3, 3.

I. L'eau-forte pure. L'habit et le bonnet sont de teinte grise, et on lit, contre le bord inférieur du cuivre : *Rembrandt, f*. Mais les initiales du graveur et la date n'existent pas.

TÊTES ORIENTALES

60

a. Tête d'un homme coiffé d'un turban, duquel pend un gland à sa gauche. Le personnage porte moustache ; le milieu du menton est rasé. (III.)

H. 5, 8. L. 4, 6.

I. Première eau-forte, avec les fonds pâles, et les plis du turban indiqués au burin. A l'angle droit supérieur, on lit, à l'envers : 1784.

II. Le fond, la tête, et principalement le turban, sont repris à l'eau-forte ; toutefois, les plis de cette coiffure ne sont pas encore accentués comme dans le dernier état. La marque de l'étau est imprimée à l'angle inférieur gauche. La date a disparu sous le travail.

61

b. Tête de face d'un homme portant moustache et quelques poils de barbe. Il est coiffé d'un turban orné d'un nœud de diamant au devant, et d'une aigrette sur le côté. Au haut, à gauche, on lit *N. f.* 1787. (II.)

H. 6, 8. L. 4, 6.

I. L'eau-forte pure, avant la lettre, et avant quelques reprises à la pointe sèche dans les ombres.

62

c. Profil à gauche d'un personnage sans barbe, richement habillé, et portant un vaste turban traversé par des passementeries garnies de perles : une grosse perle en forme de poire est fixée sur le devant. On lit avec difficulté dans les tailles du fond *N.*, et un millésime qui semble être 1779. Pièce en ovale. (III.)

H. 3, 0. L. 2, 7.

I. L'eau-forte pure.

II. La tête et les fonds renforcés à l'eau-forte. Cette épreuve est avant les perles dans les passementeries, et avant la passade brodée sur la poitrine.

63

d. Tête, de profil à droite, d'une jeune négresse coiffée d'un cachemire blanc, dont les bouts pendent de chaque côté. Derrière le cou, on lit : *N.* 1778. Pièce en ovale. Rare.

H. 2, 2. L. 2. 0.

TÊTES POLONAISES

64

a. Portrait de Jean Sobieski, roi de Pologne. Masque aux proportions massives, moustaches frisées et point de barbe. Le cou sort d'un vêtement de fourrures ; un bonnet semblable couvre la tête. Cette pièce, qui est travaillée au moyen d'un procédé qui a de l'analogie avec l'aqua-tinta, est en cercle.

H. 3, 6. L. 3, 6.

65

b. Buste de face d'un homme âgé, dit *Mazeppa.* Il ne porte pas de moustaches, mais une barbe composée de deux longues touffes blanches, étroites et séparées. Sur sa tête est un bonnet de fourrure de forme élevée, dont la plume pend par derrière, et sa robe noire est ornée d'un collier avec un médaillon. Dans le fond, à droite, on lit : *Mazeppa, œtat.* 70. (VII.)

H. 9, 1. L. 8, 6.

I. Indication fugitive, avant toute lettre, de la tête et d'un bonnet bas, sur la planche qui porte 16, 5 en hauteur.

II. La tête et le bonnet sont repris à l'eau-forte et à la pointe sèche.

III. Le buste est dessiné à l'eau-forte : on lit à l'angle supérieur gauche *Norblin f.* 1775.

IV. Même condition, avec la planche coupée contre le bord inférieur du travail et réduite à 9, 1.

V. Même condition, avec l'ombre portée à gauche prolongée en hauteur.

VI. Le bonnet est surhaussé de forme et orné d'une plume ; le manteau est dessiné autrement et forme pointe sur l'épaule gauche. L'inscription du haut a été effacée (elle a été remplacée dans le VIIe état par celle énoncée en tête, et l'habit a été retravaillé).

66

c. Buste d'un personnage à moustache, coiffé d'un bonnet cosaque dont l'extrémité pend derrière l'épaule gauche, et ayant les cheveux longs : il porte un manteau dont on voit le collet de ce côté. On lit dans le fond : *Norblin f.* 1787. (II.)

H. 6, 9. L. 6, 1.

I. L'eau-forte pure. Le bonnet est pendant du côté droit, et les cheveux sont courts.

67

d. Un homme en buste, portant barbe et moustaches, et coiffé d'une calotte d'où s'échappent des cheveux crêpus. Il est vêtu d'une robe foncée, ornée de passades noires sur le devant. Au sommet de la planche est écrit : *N.* 1776. *W.* Pièce cintrée par le haut ; les angles qui ressortent sont remplis par des tailles. (III.)

H. 4, 0. L. 2, 6.

I. L'eau-forte pure, avant le cintre et avant que la planche n'ait été coupée au bas.

II. Avec le cintre, et des retouches à la pointe sèche et au burin ; mais la planche n'est pas encore coupée.

68

e. Tête, légèrement tournée à gauche, d'un homme pourvu d'une barbe noire touffue et de moustaches relevées. Les cheveux sont moins abondants, et réunis principalement au sommet du crâne. Au bas, à gauche, *N. f.* 1778. Pièce en ovale. (IV.)

H. 3, 2. L. 2, 8.

I. Avant la barbe.

II. Avant la barbe et laissant voir l'épaule gauche.

III. La barbe est plus fournie, et l'épaule gauche est indiquée plus haut. Cette indication a disparu dans le IVe et dernier état.

69

f. Tête d'un personnage vu presque de face et portant une moustache frisée : il est coiffé d'un bonnet garni, au bas, de fourrures. Le haut de son vêtement, qu'on aperçoit, est également en fourrure. Pièce légèrement cintrée du haut.

H. 3, 7. L. 2, 0.

70

g. Tête d'un homme de profil à droite, portant moustache et ayant le front très-découvert. Contre le bord du cuivre, au haut à droite, il y a, en caractères faiblement tracés : *N. f.* 178.. (Le quatrième chiffre du millésime se perd dans le bord du cuivre.)

H. 2, 6. L. 2, 1.

71

h. Tête, tournée à gauche, d'un personnage à moustaches, coiffé d'un bonnet fourré, dont le contour est interrompu par le bord supérieur du cuivre. A droite, contre l'épaule, on lit : 1778. Rare. (II.)

H. 2, 5. L. 2, 1.

I. L'eau-forte pure, avant la date.

72

i. Tête de face, portant moustache et impériale, et coiffée d'un petit bonnet fourré, dont la plume est rejetée en arrière. A gauche, dans le fond, on lit : *N. f.* 1778. Pièce en ovale. (III.)

H. 2, 8. L. 2, 4.

I. L'eau-forte pure, avant la lettre, et avant le manteau sur l'épaule gauche. La tête est coiffée d'une simple calotte blanche.

II. Avec la lettre, et la calotte plus foncée de ton.

— 73

j. Profil à gauche d'un personnage à nez busqué, portant des moustaches. Il est coiffé d'un bonnet fourré. Pièce en ovale. (III.)

H. 2, 6. L. 2, 2.

I. L'eau-forte pure. Cette épreuve, qui figure dans l'œuvre de l'artiste à la Bibliothèque nationale, laisse voir la tête nue, à travers un travail à l'encre, préparatoire du bonnet.

II. La planche est reprise à l'eau-forte, et la tête coiffée du bonnet; mais le travail de la pointe n'a pas encore arrondi légèrement le poil de ce bonnet, dans sa partie supérieure.

— 74

k. Tête de profil à gauche, assez avancée à l'eau-forte, d'un personnage portant une moustache et quelques brins de barbe. Au haut de la planche, à gauche, il y a : *N. f.* 1778. *W.* (II.)

H. 2, 6. L. 2, 2.

I. Avant les retouches à l'eau-forte sur la tête et sur l'habit.

— 75

l. Tête d'homme ayant le front découvert et les cheveux ramassés au sommet du crâne. Il porte des moustaches et une barbe formant par devant une touffe assez maigre. Derrière l'épaule, on lit : *N.* 1778. Pièce en ovale. (II.)

H. 2, 2. L. 1, 8.

I. Avant la lettre, et avant les travaux repris à l'eau-forte.

— 76

m. Un ovale allongé, renfermant une tête de face qui a la moustache relevée et est coiffée d'un bonnet blanc.

H. 2, 8. L. 1, 8.

— 77

n. Buste d'un personnage de profil à gauche, portant moustache et coiffé d'un bonnet fourré dont la plume penche à l'arrière. A l'angle supérieur gauche, il y a : 1778. (III.)

H. 1, 9. L. 1, 7.

I. L'eau-forte pure avant le trait carré, et avec le nom de *Nether* à l'angle gauche.

II. Avec le trait carré. Le nom est effacé ; il a été remplacé par la date 1778 dans le IIIe état, décrit en tête.

— 78

o. Buste d'un homme portant moustache et couvert d'un

vêtement dont le bord est garni d'une fourrure autour des épaules. Le cou est nu; la tête, dégarnie de cheveux sur les tempes, est penchée sur l'épaule droite et a l'air souriant. (II.)

H. 2, 1. L. 1, 7.

I. L'eau-forte pure, avec le nom de *Nether* à l'angle gauche.

TYPES POLONAIS

79

a. Un jeune garçon, coiffé d'un bonnet de peau d'une forme élevée, et couvert d'une houppelande, est debout, tourné vers la droite, et regarde le spectateur en face. Au fond est un *N* avec le millésime 1777 à peine visible. Cette pièce est taillée en ogive dans sa partie supérieure. (VI.)

H. 5, 4. L. 2, 5.

I. L'eau-forte. La tête est de profil, et le cuivre est à angles droits dans sa partie supérieure, où l'on lit : *Norblin fecit* 1776. Les ombres sont fortement accusées et non ébarbées.

II. Même condition; les parties ombrées sont ébarbées.

III. Dans cet état, le cuivre est diminué sous les pieds du personnage. Il y a, de plus, un trait à gauche et à droite, pour encadrer la planche jusqu'à la hauteur du cintre, qui n'est pas encore tracé.

IV. La figure toute entière est retouchée à l'eau-forte, et il y a, de plus, un collet au manteau. Le cintre est indiqué, et, dans l'intérieur, on lit : *N*. 1777.

V. Même condition, mais avec le cuivre découpé autour du cintre. La figure du personnage n'a été mise de face qu'au VIe et dernier état.

80

b. Une juive polonaise, vêtue d'une jupe noire et d'un tablier, et ayant sur la tête un bonnet fourré, tient ses mains à couvert dans le corsage de sa robe, qui forme une espèce de bavette. On lit à gauche *N. f.* et à droite, 1780. (II.)

H. 4, 4. L. 2, 4.

I. Avant toute lettre, et avant les ombres sur le terrain. Le cuivre affecte une forme rentrée à gauche et à droite, et bombée au-dessus.

81

c. Un homme coiffé d'un bonnet et vêtu d'une longue houppelande dont les nattes descendent jusqu'au bas de ses jambes, tient un bâton et se dirige vers la droite en tournant la tête derrière lui. On lit difficilement, au milieu des tailles du fond : *Norblin* 1778. Le cuivre est taillé en pointe dans sa partie supérieure. (II.)

H. 4, 4. L. 2, 5.

1. L'eau-forte pure, avant l'ombre derrière le personnage.

— 82

d. Deux personnages, dont l'un tient à la main un long balai de bouleau, conversent ensemble de fort près ; un troisième plus éloigné leur tourne le dos. Tous trois sont vêtus de pelisses et coiffés de bonnets fourrés. On voit au bas, à gauche, *N. f.* 1779. Le cuivre, dans sa partie supérieure, a une forme légèrement conique. (II.)

H. 3, 9. L. 1, 9.

I. Avant des reprises à la pointe sèche non ébarbée, sur diverses parties ombrées, notamment sur la couronne de cheveux du personnage qui tient le balai.

— 83

e. Un homme, vu de dos, marche à l'aide d'un bâton qu'il tient de la main gauche. Il a la tête couverte d'un bonnet blanchâtre, et sur son dos pend un manteau de même couleur, qui se termine en pointe au bas des reins. Au fond, contre le terrain, on lit : *N. f.* 1779. (II.)

H. 3, 6. L. 1, 9.

I. Avant de nouveaux travaux sur la jambe gauche et dans les terrains.

— 84

f. Un personnage assis, de profil à gauche, par terre, tourne la tête pour regarder le spectateur. Il est coiffé d'un bonnet fourré, presque pointu et garni d'une plume, et il tient un bâton entre ses jambes. Cette eau-forte est gravée sur un cuivre de forme conique.

H. 3, 0. L. 2, 2.

— 85

g. Un homme tourné de profil à gauche, coiffé d'un bonnet surmonté d'une plume, et couvert d'un manteau qu'il tient de côté sur l'épaule droite. Au bas, à gauche : *N. f.* 1779.

H. 2, 9. L. 1, 5.

— 86

h. Profil d'un homme revêtu d'une longue pelisse fourrée ; il a la tête nue et la main gauche passée dans sa ceinture. Au bas, à droite : *N. f.* 1779.

H. 2, 9. L. 1, 4.

— 87

i. Un homme couvert d'un long manteau fourré à la hongroise, avec le bonnet pareil, crie des onguents en les montrant de la main droite ; de la gauche, il maintient contre son corps une boîte retenue par une bandoulière. Dans le fond, le millésime à rebours 1781. Pièce en ovale.

H. 2, 9. L. 1, 9.

88

j. Un personnage vêtu d'une blouse serrée à la taille, et coiffé d'un bonnet. Il est vu de profil à droite, tenant les bras derrière le dos. Au bas, à gauche ; *N*. 1779 ; le 9 est à rebours. (II.)

H. 2, 7. L. 1, 6.

I. La pointe sèche dont les ombres sont chargées n'est pas ébarbée.

89

k. Un personnage vu de face, habillé de blanc, et portant un dolman à la hongroise, s'appuie du bras gauche sur une canne ; des tailles couvrent une partie du fond. Pièce en ovale. Rare.

H. 2, 4. L. 2, 0.

90

l. Un homme vêtu d'une longue robe fourrée blanche et la tête couverte d'un bonnet semblable. Il est debout, vu de dos, se dirigeant vers le fond. Au bas, à gauche : *N*.

H. 2, 1. L. 1, 2.

91

m. Une femme coiffée d'un bonnet fourré surmonté d'un mouchoir qui passe sous le menton, et vêtue d'une robe que recouvre jusqu'à mi-corps une pelisse fourrée. Elle tient un cabas de la main droite. A l'angle supérieur gauche, on lit : *N*. 1779.

H. 2, 1. L. 1, 3.

92

n. Un homme tourné vers la droite, coiffé d'un bonnet dont la plume tombe en avant, et ayant sur le dos un manteau à petit collet relevé. La pièce est cintrée du haut. (II.)

H. 1, 7. L. 1, 2.

I. Toutes les parties ombrées sont renforcées de pointe sèche non ébarbée ; la tête du personnage en est couverte.

93

o. Un personnage agenouillé et tourné à gauche. Il tient un crucifix dans les mains.

H. 1, 6. L. 1, 2.

FIN.

Arcis-sur-Aube. — Léon Frémont, imprimeur breveté.

www.ingramcontent.com/pod-product-compliance
Lightning Source LLC
LaVergne TN
LVHW021635170726
843501LV00007B/2233

* 9 7 8 2 3 2 9 6 5 9 3 0 5 *